Die schönsten Mädchengeschichten zum ersten Selberlesen

www.leseloewen.de

*Der Umwelt zuliebe ist dieses Buch
auf chlorfrei gebleichtem Papier gedruckt.*

ISBN 978-3-7855-8223-7
2. Auflage 2016
© für diese Ausgabe: Loewe Verlag GmbH, Bindlach 2015
Als Einzelbände bereits im Verlag erschienen:
Lesetiger-Freundinnengeschichten (Alexandra Fischer-Hunold)
© 2010 Loewe Verlag GmbH, Bindlach
Lesetiger-Mädchengeschichten (Maja von Vogel)
© 2005, 2012 Loewe Verlag GmbH, Bindlach
Lesetiger-Ballerinageschichten (Antonia Michaelis)
© 2008 Loewe Verlag GmbH, Bindlach
Umschlagillustration: Carola Sturm
Umschlaggestaltung: Sophie Hahn
Printed in Poland

www.loewe-verlag.de

Inhalt

Freundinnengeschichten

Vollmond 10

Scheiden tut weh! 21

Sofia und Mona 30

Die Übernachtungsparty 38

Mädchengeschichten

Beste Freundinnen 48

Mädchenkram ist toll! 57

Der Indiandertest 66

Ein Liebesbrief für Nele 75

Ballerinageschichten

Der doppelte Schmetterling 86

Das Naturtalent 94

Sofie und Maria 103

Ballett und große Brüder 111

Alexandra Fischer-Hunold

Freundinnengeschichten

Illustriert von Julia Ginsbach

Vollmond

Lisa kann nicht einschlafen.
Dabei ist es schon sehr spät.
Eben hat die Kirchturmuhr
elf geschlagen.

In Lisas Zimmer ist es fast taghell.
Denn heute Nacht ist Vollmond.

Seufzend klettert Lisa
aus dem Bett.
Sie tritt ans Fenster
und schaut in den Garten.

„Moment mal!", flüstert Lisa.
„Was ist das denn?"

Im Garten der Nachbarn
bewegt sich etwas.
Eine Gestalt sitzt im Mondschein
auf einer Bank.

Jetzt schaut sie zu Lisa hoch.
Sie winkt ihr sogar zu.
Lisa kann es kaum glauben.

Das ist doch die blöde Joana!
Sie ist ein Jahr älter als Lisa
und total eingebildet.

Die sagt sonst nie Hallo.
Aber jetzt winkt sie Lisa
zu sich herunter.

Lisa zögert.
Dann gibt sie sich einen Ruck
und schleicht in den Garten.
Dort ist es ganz schön unheimlich.

„Kannst du auch nicht schlafen?",
erkundigt sich Joana,
als Lisa über den Zaun klettert.

Lisa nickt.
„Das ist der Vollmond!", meint Joana.
Sie deutet zu der runden Scheibe
am Himmel.

„Bei Vollmond kann ich
nie schlafen", sagt sie
und lächelt Lisa freundlich an.

Da fällt Lisa etwas auf.
„Du trägst ja eine Brille!"
Joana dreht sich weg.

„Hässlich, nicht wahr?
Ich trage sie auch nur,
wenn mich keiner sieht!",
murmelt sie traurig.

„Deswegen übersiehst du mich
also immer!", sagt Lisa.
„Wenn du die Brille nicht trägst,
erkennst du niemanden!"

Joana nickt
und schaut zu Boden.

„Das ist aber schade!", ruft Lisa.
„Die Brille steht dir nämlich
total gut!"

„Findest du?"
Joana lächelt unsicher.
„Klaro!", meint Lisa.

„Setz dich doch zu mir!",
sagt Joana und zeigt neben sich
auf die Bank.

So sitzen die zwei Mädchen
noch lange im Mondschein
und erzählen sich Geschichten.

Bis sie endlich ganz müde sind
und schlafen gehen.
Und beide freuen sich schon sehr
auf die nächste Vollmondnacht.

Scheiden tut weh!

Der Möbelwagen ist gepackt,
die Wohnungstür verschlossen.
Paulas Eltern verstauen
die letzten Sachen im Auto.

„Paula, komm, wir müssen los!",
ruft Paulas Papa. „Wir haben noch
eine lange Fahrt vor uns!"

Aber Paula schüttelt trotzig
den Kopf.
Sie steht bei Rebecca.

Die beiden halten sich ganz fest.
„Ich will nicht weg!",
schnieft Paula.

„Und ich will nicht, dass du gehst!"
Eine dicke Träne kullert
über Rebeccas Wange.

„Wir müssen jetzt wirklich los!",
sagt Paulas Mama
und geht zu den beiden Mädchen.

„Mir doch egal!", faucht Paula.
„Ich komm sowieso nicht mit!
Ich bleib bei Rebecca!"

Paulas Mama legt ihr
den Arm um die Schultern.
„Dann wären Papa und ich
aber ganz traurig!"

„Selbst schuld!", knurrt Paula.
„Ihr wollt mich ja auch
von meiner besten Freundin trennen."

„Ooh!" Paulas Mama schnippt
mit den Fingern.
„Ich hab euch ja noch gar nichts
von der Überraschung erzählt!"

„Welche Überraschung denn?",
rufen Paula und Rebecca gleichzeitig.
„Na, es sind doch bald Ferien …",
sagt Paulas Mama.

„… und da fahren wir ans Meer!",
unterbricht Paula ihre Mutter
ganz aufgeregt.

„Richtig! Aber wir fahren nicht allein!"
Paulas Mama macht eine Pause,
dann sprudelt sie los:

„Rebecca kommt mit uns mit!
Nicht nur diese Ferien,
sondern alle zukünftigen Ferien
werdet ihr zusammen verbringen!"

„Jippie!" Rebecca und Paula jubeln.
Sie fassen sich an den Händen
und hüpfen wie wild herum.

Die Mädchen sind total
aus dem Häuschen
und kreischen vor Freude.

„Ich glaube, diese Überraschung
ist wirklich gelungen",
sagt Paulas Mama
und zwinkert den beiden fröhlich zu.

Sofia und Mona

„Spielen wir heute zusammen
nach der Schule?", fragt Sofia.
Aber Mona schüttelt den Kopf.

„Keine Zeit!", ruft sie
und schon ist sie weg.

Am Nachmittag sitzt Sofia
in ihrem Zimmer
und spielt allein mit den Puppen.

Sofia schaut durchs Fenster
zum Spielplatz hinüber.
Plötzlich reißt sie die Augen auf.

Was ist das denn?
Auf dem Spielplatz sieht sie Mona –
mit einem fremden Mädchen!

In Sofia steigt
ein ganz mieses Gefühl auf.
Es tut richtig weh!

Jetzt klettern die zwei
auf die Wipppferde,
mit denen Sofia und Mona
sonst immer spielen.

Mona und das fremde Mädchen
lachen vergnügt.
Sofia hat einen dicken Kloß im Hals.

Sofia ist sich ganz sicher:
Dieses Mädchen
ist bestimmt total doof!

Auf einmal zeigt Mona
mit der Hand auf Sofias Haus.
Mona und das Mädchen
kommen angelaufen.

Es klingelt an der Tür.
Aber Sofia rührt sich nicht.

Sie lauscht.
Mama öffnet die Tür.
Sofia hört Monas Stimme.

Plötzlich fliegt Sofias Zimmertür auf.
Mona und das fremde Mädchen
stürmen herein.

„Magst du mit mir
und meiner Cousine spielen?",
fragt Mona.
„Sie ist heute zu Besuch."

Ein Lächeln breitet sich
auf Sofias Gesicht aus.
„Ja klar, supergerne!"
Und das schreckliche Gefühl
ist wie weggeblasen.

Die Übernachtungsparty

„Magst du morgen
bei mir schlafen?",
fragt Leni ihre Freundin Suse.

Suse wird ganz verlegen.
Sie scharrt mit dem Fuß im Sand,
sagt aber nichts.

„Was ist denn los?",
fragt Leni enttäuscht.
„Hast du etwa keine Lust
auf eine Übernachtungsparty?"

„Doch! Schon …" Suse zögert.
Es ist ihr so unangenehm.

Leni legt den Arm um sie.
„Raus mit der Sprache!
Ich bin doch deine beste Freundin!"

Suse gibt sich einen Ruck.
„Ich kann nur zu Hause schlafen.
Woanders bekomme ich Heimweh!
Und dann muss ich weinen."

Suse hat große Angst,
dass Leni jetzt „Du Baby!"
oder so etwas Gemeines sagt.

Aber Leni sagt gar nichts.
Sie denkt nach.
Dann schnippt sie mit den Fingern.

„Ich hab eine tolle Idee!", ruft Leni.
„Morgen um drei Uhr bei mir!
Und bring deine Schlafsachen mit!"

Was hat Leni nur mit ihr vor?
Suse ist schon sehr gespannt.
Am nächsten Tag ist sie
um Punkt drei Uhr bei Leni.

Gemeinsam bringen sie
Suses Sachen in Lenis Zimmer.
Aber was ist das?

Die Rollläden sind heruntergelassen.
An der Decke funkeln Klebesterne.
Zwei Matratzen liegen auf dem Boden.

Leni lacht ihre Freundin an:
„Ist doch nicht so schlimm,
wenn du nachts
nicht bei mir schlafen kannst."

„Dann gibt's die Übernachtungsparty
eben am Nachmittag!",
fährt Leni fröhlich fort.

„Das war also deine Idee!"
Suse fällt Leni um den Hals.
„Du bist die beste Freundin
der ganzen Welt!"

Maja von Vogel

Mädchengeschichten

Illustriert von Eva Czerwenka

Beste Freundinnen

Anne ist Lisas beste Freundin.
„Kommst du später zu mir?",
fragt Lisa Anne nach der Schule.

Anne schüttelt den Kopf.
„Heute kann ich nicht.
Ich fahre mit Lotte zum Reiten."

Lotte geht auch in ihre Klasse.
Anne und Lisa mögen sie nicht,
weil sie immer so angibt.
Vor allem seit sie Reitstunden hat.

Aber jetzt hat Anne sich
trotzdem mit ihr verabredet.

"Viel Spaß mit der Angeberin",
sagt Lisa und lässt Anne
einfach stehen.

Nachmittags sitzt Lisa
allein vor dem Haus
und langweilt sich.

Da kommt Bea vorbei.
Sie wohnt nebenan.
„Wo ist denn Anne?", fragt Bea.

Lisa zuckt mit den Schultern.
Sie will nicht über Anne reden.

„Komm doch mit zu mir",
schlägt Bea vor.
Eigentlich hat Lisa keine Lust.

Aber dann geht sie doch mit.
Bea zeigt Lisa ihr Baumhaus.

„Wahnsinn!", sagt Lisa begeistert
und klettert hinter Bea
die Leiter rauf.

Dann spielen sie Piraten.
Das macht so viel Spaß,
dass Lisa das Abendbrot vergisst.

Am nächsten Morgen wartet Anne
vor der Schule auf Lisa.
„Bist du noch sauer?", fragt sie.

Lisa schüttelt den Kopf.
„Nö. Wie war's denn gestern?"

„Geht so", antwortet Anne.
„Lotte hat mich keinmal reiten lassen.
Spielen wir heute wieder zusammen?"

„Ich bin schon
mit Bea verabredet", sagt Lisa.
Anne sieht plötzlich traurig aus.

„Komm doch mit", schlägt Lisa vor.
„Dann spielen wir zu dritt Piraten."

„Ehrlich?", fragt Anne. „Super!"
Sie lächelt Lisa zu
und Lisa lächelt zurück.

Mädchenkram ist toll!

Heute sollen sich
die Schüler der 2a
ein Wahlfach aussuchen.

Pia überlegt,
dann kreuzt sie „Backen" an.
Backen macht Spaß.

Pia knetet gern Teig.
Und wie gut das riecht,
wenn der Kuchen
aus dem Ofen kommt!

Außerdem isst Pia
Kekse für ihr Leben gern.

Da beugt sich Tim
zu ihr hinüber.

„Willst du wirklich
Backen nehmen?", fragt er.
„So ein blöder Mädchenkram.
Komm lieber mit zum Werken!"

Pia zögert.
Vielleicht hat Tim ja recht
und Werken macht viel mehr Spaß.
Außerdem will sie keinen
blöden Mädchenkram machen.

Schnell radiert Pia das Kreuz weg
und malt ein neues neben „Werken".

In der ersten Werkstunde sollen alle
Fahrzeuge aus Pappe basteln.

Pia klebt ihre Pappe so zusammen,
dass ein langer Zug daraus wird.
Dafür braucht sie nicht lange.

Dann hilft sie Tim
bei seinem Lastwagen.

„Macht doch Spaß, oder?", fragt Tim.
Pia zuckt mit den Schultern.
„Geht so", sagt sie.

Viel lieber würde sie jetzt
Teig ausrollen
und Plätzchen ausstechen.

Nach der Stunde
kommen die anderen
mit selbst gebackenen Keksen
aus der Schulküche. Mmmh!

Jetzt ist sich Pia ganz sicher:
„Ich will doch lieber backen",
sagt sie zu Tim.

„Ehrlich?", fragt Tim.
„Vielleicht kannst du dein Wahlfach
ja noch wechseln."

„Genau", sagt Pia zufrieden.
„Ich finde Mädchenkram
nun mal toll!"

Der Indianertest

Nina, Lea und Ruth
bauen im Wald
eine Indianerhöhle.

Ben will auch mitmachen.
„Das geht nicht", sagt Lea.
„Wir sind eine Mädchenbande."

Ben ist sauer.
„So ein Quatsch!", schimpft er.
„Mädchen können doch
gar nicht richtig Indianer spielen."

„Aber du, oder was?",
fragt Nina wütend.
Ben nickt.

„Dann mach erst mal
den Indianertest", sagt Ruth.

Sie läuft über einen Baumstamm.
Ohne runterzufallen.
Ben schafft es auch.

„Unentschieden!", ruft Lea.
„Jetzt kommt das Anschleichen."

Lea und Ben schleichen sich beide
an Ruth und Nina heran.

Ben ist so leise wie eine Katze,
aber Lea tritt auf einen Zweig.
Der Zweig knackt so laut,
dass alle es hören können.

„Ein Punkt für Ben", sagt Nina.
„Jetzt machen wir ein Wettrennen."
Nina und Ben laufen los.

Ben ist schnell,
aber Nina ist noch schneller.

„Gewonnen!", ruft Nina.
„Ein Punkt für mich!"
„Nicht schlecht für ein Mädchen",
keucht Ben.

Nina grinst: „Du bist auch
nicht schlecht für einen Jungen!"

„Wir sind alle vier super Indianer",
stellt Lea fest und überreicht Ben
eine weiße Feder.

„Du hast den Indianertest bestanden",
sagt Ruth. „Ab heute gehörst du
zur *Weiße-Feder-Bande*."

„Prima!", meint Ben.
„Können wir jetzt
die Höhle zu Ende bauen?"
„Na klar", sagt Nina.

Und dann machen sich
die vier Indianer an die Arbeit.

Ein Liebesbrief für Nele

Als Nele aus der Pause kommt,
liegt ein kleiner Zettel
in ihrem Federmäppchen.

Nele faltet ihn auseinander und liest:
„Nele, ich liebe dich! Dein J."

Nele wird rot. Ein Liebesbrief!
Aber von wem?
Jens ist zu schüchtern
und Jörg ist heute krank.

Da kommt Jan in die Klasse und ruft:
„Nele-Makrele! Nele-Makrele!"

Nele findet Jan blöd,
weil er sie immer ärgert.

Er ruft ihr gemeine Namen nach,
schubst sie oder zieht
an ihren Zöpfen.

Normalerweise ärgert Nele
ihn dann auch.

Doch heute beachtet sie
Jan einfach nicht.
Ob der Brief von Jonas ist?

Jonas sitzt neben Nele.
Er ist nett.

Vorsichtig schielt Nele
auf sein Heft.
Nein, Jonas' Schrift
ist ganz anders.

Mist! Wer hat nur
den Brief geschrieben?
Nele grübelt und grübelt,
aber sie findet keine Antwort.

Nach der Schule
läuft Jan hinter ihr her.

Auch das noch!
Bestimmt will er sie wieder ärgern.
Nele geht schneller.

„He, warte doch mal!", keucht Jan.
Dann fragt er leise:
„Hast du meinen Brief bekommen?"

Nele bleibt stehen.
„Der Brief war von dir?"
Jan wird rot und nickt.

Dann drückt er ihr
eine Blume in die Hand
und läuft davon.

Nele riecht an der Blume.
Vielleicht findet sie Jan
ja doch ganz nett.

Antonia Michaelis

Ballerinageschichten

Illustriert von Katharina Wieker

Der doppelte Schmetterling

Habt ihr schon mal
die Hauptrolle im Ballett getanzt?

Wart ihr zum Beispiel
der einzige Schmetterling,
wenn sonst alle Ballerinen Käfer sind?

Schmetterling sein ist schwer,
aber ich konnte es.
Leider konnte Julia es auch.

„Bei der letzten Probe
zeigt sich, wer besser ist",
sagte die Lehrerin.

Julia lächelte siegessicher.
Ich lächelte auch siegessicher.

Dann übte ich im Wohnzimmer.
Ich flatterte vom Sofa
zum Ohrensessel –
doch der Sessel kippte einfach um.

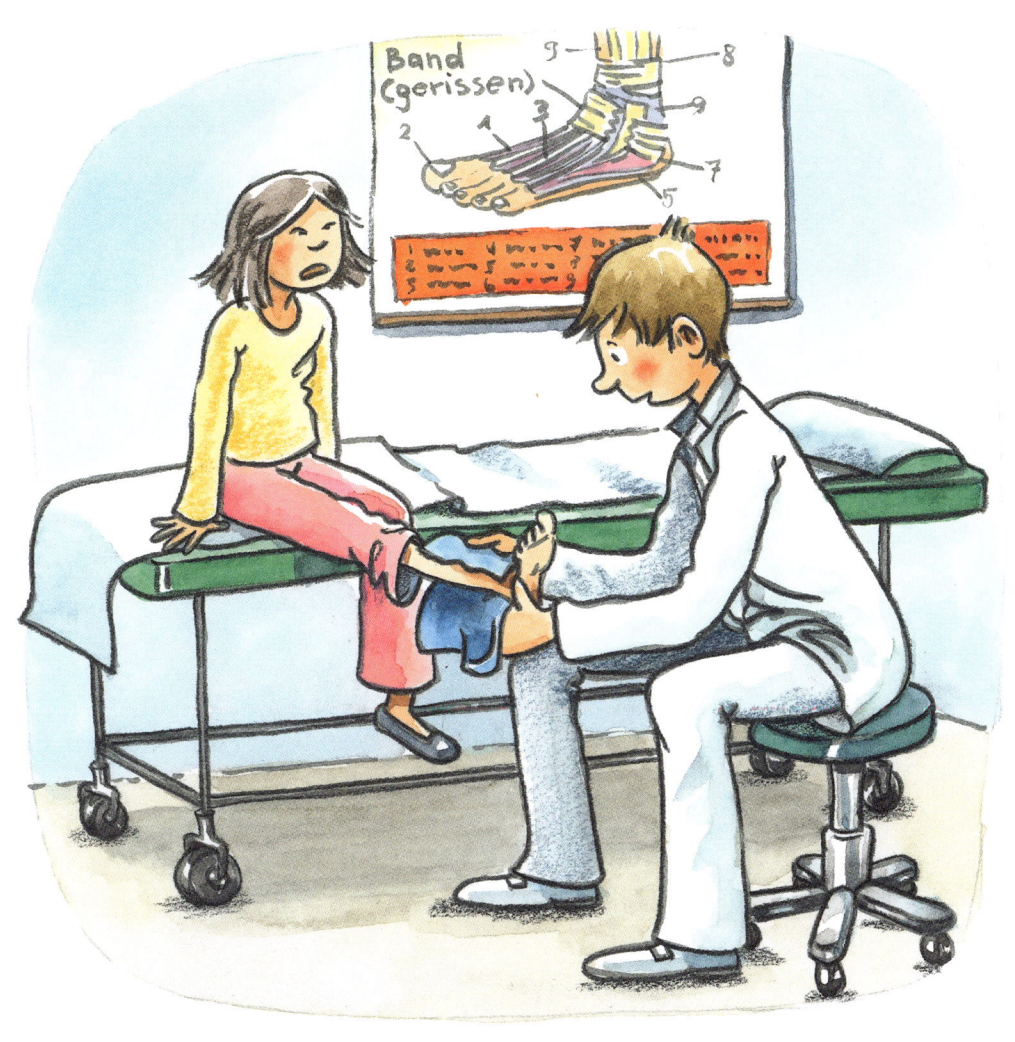

„Uaaaa!", schrie ich.
Mein rechter Fuß tat furchtbar weh.
Der Arzt schiente meinen Knöchel.
„Bänderriss", sagte er.
„Mit Tanzen wird es nichts."

Da weinte ich die Schiene nass.
Ich war sehr traurig.

Nun würden alle Julia zujubeln.
Und ich könnte nicht mal
eine blöde Hummel spielen.

Aber bei der letzten Probe
war an Julias Knöchel eine Schiene.
„Ich wollte üben!", schluchzte sie.

„Es gibt nur eine Lösung",
sagte die Ballettlehrerin.
„Jede ist ein halber Schmetterling!"

So tanzten wir jede mit einem Bein.
Ich war ein Flügel, Julia der andere.

Und die Leute klatschten wie verrückt.
„Tolle Idee!", riefen sie.
Das fanden wir auch.

Und bei der nächsten Aufführung
spielen wir vielleicht
ein vierarmiges Ungeheuer.

Das Naturtalent

Laura wollte Ballerina werden.
Und sie hatte einen großen Hund.

Den liebte Laura sehr.
Deshalb nahm sie ihn mit zum Ballett.

Doch wenn sie an der Stange übte,
sprang er an ihr hoch.
Wenn sie auf einem Bein stand,
warf er sie um.

„Entweder Ballett oder Hund",
schimpfte die Ballettlehrerin.

Laura ließ den Hund zu Hause.
Aber er knabberte die Vorhänge an.

Dann band sie ihn
neben der Tür zur Ballettschule an.
Aber er zerkratzte die Tür.

Beim nächsten Mal
ließ Laura ihren Hund
im Garten hinter dem Haus warten.

Mitten in einem Tanz
sprang er plötzlich
durchs offene Fenster.

Die Ballerinen erschraken.
„Geh weg!", schrie Laura.

Doch was war das?
Der Hund drehte eine Pirouette!
Auf den Hinterpfoten!

Die Lehrerin klatschte laut.
„Kein Wunder, dass der Hund
die Tür zerkratzt hat!", rief sie.
„Er wollte mittanzen!"

„Dein Hund ist ein Naturtalent!",
meinte die Lehrerin.

„Das weiß ich doch schon lange",
sagte Laura.
Aber dabei schwindelte sie
ein bisschen.

Denn auch Laura war sehr überrascht,
was ihr Hund alles konnte.

Nach der Stunde sagte die Lehrerin:
„Vergiss beim nächsten Mal
deinen Hund nicht, Laura!"

Von diesem Tag an
trat der Hund immer mit ihnen auf.

Heute ist Laura sehr berühmt.
Sie tanzt überall auf der Welt.
Aber nie ohne ihren Hund.

Sofie und Maria

Sofie mochte Schlammschlachten
und Indianerspiele.
Kein Ballett.

„Ballett ist gut für deinen Rücken",
sagte ihre Mutter. „Du gehst krumm."

Jede Woche beim Ballettunterricht
sah Sofie voll Sehnsucht
zum Fenster hinaus.

Eines Tages entdeckte sie da draußen
ein Mädchen in alten Jogginghosen.
Das sah voll Sehnsucht herein.

Nach dem Ballett ging Sofie zu ihm.
„He", sagte sie. „Magst du Ballett?"
Das Mädchen wurde rot und nickte.

„Wir haben aber kein Geld für so was",
meinte es. „Mein Papa sagt immer:
Maria, spiel Fußball mit deinen Brüdern!"

„Wir tauschen einfach!", flüsterte Sofie.
Von da an ging Maria zum Ballett.

Sofies Schuhe waren ihr
etwas zu groß.
Die Lehrerin merkte nichts,
weil sie sehr kurzsichtig war.

Sofie spielte jede Woche Fußball
mit Marias großen Brüdern.

Und damit sie selbst
ein bisschen größer aussah,
ging sie jetzt ganz gerade.

Im Herbst gab es eine Aufführung
in der Ballettschule.
„Wo ist Sofie?", fragte ihr Vater.

Da lief Sofie hin und erklärte alles.
Sicher waren ihre Eltern jetzt böse …

„Und warum gehst du so gerade?",
fragte ihre Mutter.

„Vom Fußballspielen
mit den großen Jungs",
sagte Sofie und strahlte.

Da fanden ihre Eltern,
dass alles so bleiben konnte.
Sie kauften einen neuen Fußball
und für Maria passende Schuhe.

Ballett und große Brüder

„Dieses blöde Ballett-Gehopse!",
rief mein Bruder immer.
„So was Kindisches!"

Er machte gern unlösbare Knoten
in die Bänder der Tanzschuhe.

Wenn ich übte, sagte er:
„Du siehst aus wie 'ne kranke Ente!"
„Das ist aber die erste Position",
sagte ich. „Die Füße müssen so."

Wenn ich Ballettstunde hatte,
ging mein Bruder ins Jugendzentrum.
Zum Tischtennisspielen oder Filmegucken.

Als wir dort einen Auftritt hatten,
rief er: „Du bist echt peinlich!
Was sag ich bloß meinen Kumpels?"

Kurz darauf schloss das Zentrum.
Mein Bruder war richtig sauer.

„Die machen sicher bloß
wegen euch zu!",
sagte er zu mir.

Das war Unsinn.
Es hatte nur niemand Geld,
um das Zentrum zu renovieren.

Mein Bruder hatte keine Idee,
was man tun könnte.
Ich dafür schon.

Die Idee war eine Ballett-Vorstellung.
Wir Mädchen von der Ballettschule
hängten überall Plakate auf.

Wir tanzten, und alle saßen im Gras.
Mittendrin begann es zu regnen.

„Blöd, dass das Zentrum zu ist!",
sagten die nassen Leute.
Und sie spendeten eine Menge Geld.

Deshalb tanzten wir
an den nächsten Sonntagen auch.

Wir verdienten eine Masse Geld.
Es reichte genau für die Renovierung.
Zur Neueröffnung gab es
ein großes Fest mit vielen Gästen.
Mein Bruder war natürlich auch da.

Jemand hielt eine Rede
und bedankte sich
bei allen Ballerinen,
weil wir das Geld ertanzt hatten.

Mir wurde ganz heiß vor lauter Glück.

„Da tanzt meine Schwester!",
sagte mein Bruder zu einem Kumpel.
„Das macht sie ziemlich cool, oder?"

Freundinnengeschichten

Mit der Lektüre von Mary Poppins begann für **Alexandra Fischer-Hunold** die Liebe zu Büchern. Folgerichtig studierte sie später deutsche und englische Literatur. Seitdem liest sie nicht nur, sondern schreibt auch erfolgreich Vorlesegeschichten und Kinderbücher.

Julia Ginsbach wurde 1967 in Darmstadt geboren. Nach ihrer Schulzeit studierte sie Musik, Kunst und Germanistik. Heute arbeitet sie als freie Illustratorin und lebt mit ihrer Familie und vielen Tieren auf einem alten Pfarrhof in Norddeutschland.

Mädchengeschichten

Maja von Vogel wurde 1973 geboren und wuchs im Emsland auf. Sie studierte Deutsch und Französisch, lebte ein Jahr in Paris und arbeitete mehrere Jahre als Lektorin in einem Kinderbuchverlag, bevor sie sich als Autorin und Übersetzerin selbstständig machte. Heute lebt Maja von Vogel in Norddeutschland.

Eva Czerwenka wurde 1965 in Straubing geboren. Nach dem Abitur studierte sie an der Münchner Kunstakademie Bildhauerei. Bereits während dieser Zeit entstanden ihre ersten Kinderbuch-Illustrationen. Und wenn sie mal gerade nicht vor dem Zeichentisch sitzt, formt sie am liebsten Tiere aus Ton.

Ballerinageschichten

Antonia Michaelis wurde 1979 in Kiel geboren. Fünf Jahre später begann sie, ihre Umwelt mit Büchern zu überschwemmen. Seitdem hat sie immer weitergeschrieben: während ihrer Schulzeit in Augsburg oder auf ihren zahlreichen Auslandsreisen. Die Autorin lebt mit ihrer Familie im Nordosten Deutschlands.

Katharina Wieker illustriert und schreibt seit vielen Jahren Kinderbücher. Sie lebt mit ihrer Familie und einem frechen Kater in Berlin.

ISBN 978-3-7855-8166-7

ISBN 978-3-7855-7980-0

ISBN 978-3-7855-7520-8

ISBN 978-3-7855-7029-6

ISBN 978-3-7855-7286-3

ISBN 978-3-7855-7822-3

Die Reihe *Lesetiger* richtet sich an Leseanfänger ab 6 Jahren. Kunterbunte Geschichten zu beliebten Themen erleichtern den Erstlesern den Start in die Welt der Buchstaben. Ganz kurze Textabschnitte in großer, gut lesbarer Fibelschrift sorgen für einen sicheren Leseerfolg; viele farbige Bilder tragen zusätzlich zum Textverständnis bei. So macht das erste Selberlesen Spaß!